Alexandra Matissek

Gedichte 1

Bibliografische Information Der Deutschen Bibliothek:
Die Deutsche Bibliothek verzeichnet diese Publikation in der Deutschen
Nationalbibliografie; detaillierte bibliografische Daten sind im Internet über
http://dnb.ddb.de abrufbar.

Copyright 2005 Alexandra Matissek
Herstellung und Verlag: Books on Demand GmbH, Norderstedt
Printed in Germany. Alle Rechte vorbehalten
Fotos: Alexandra Matissek
Layout: Petra Schild
Gedruckt auf chlor- und säurefreiem Papier
ISBN 3-8334-4063-5

Inhalt

Das Bärenfell

ein Bärenfell

wuchs mir

über Nacht

und hat mich eingehüllt

ganz sacht

wie eine warme Decke

mit blanken Augen

schaue ich

in ungewohnte Weiten

die Füße Wurzelwerk

ganz fest

so wohlig gut

die neuen Seiten

im Lebensbuch

Ausatmen

ausatmen

die ganze Scheiße ausatmen

mit dem Atem zur Quelle fließen

Sturzbäche

in Wasserfällen mündend

reißende Gewässer

mit wilden Strudeln

gefährlichen Untiefen

und dem Sog in die Hölle

strampeln

und treten

und boxen

und schreien

schwimmen lernen

nicht aufgeben

in Bewegung bleiben

den Kopf hoch erhoben

wenn das Wasser bis zum Halse steht

Eiseskälte

durch die Glieder kriecht

Taubheit sich breit macht

die Beine nicht mehr tragen wollen

die Füße nicht mehr gehen

die Arme nicht mehr halten

die Hände nicht mehr greifen

und der Rücken zu zerbrechen scheint

alles sich zurückzieht

nein sagen

dazu nein sagen

kämpfen

bis der Boden spürbar wird

die Wasser sich beruhigen

die spitzen Steine

rund gewaschen

von Salzwasser

Stromschnellen

in mildem Murmeln

Geschichten erzählen

es war

einmal

und ist nicht mehr

die Füße schmunzelnd schmatzend

im weichen Sand vergraben

im festen Boden

der trägt

die Wasser wirbelnd

in Bewegung

ohne Hast

es kommt

und geht

und etwas bleibt

mit Abstand

sinnend

ein buntes Band

mäandernd

hat Anfang

wird ein Ende haben

und das

noch lange nicht in Sicht

Die letzte kalte Nacht

an der Alster gingen nur

wir zwei

wir mussten gehen, es war schon spät

es war die letzte kalte Nacht

in diesem Winter

der so lange währte

der jahrelang mein Herz verschloss

wir spürten Nebel, der vom Fluss

uns langsam in die Glieder kroch

wie eine Prüfung:

ist es erste Glut

oder hält es

auch in Kälte

auch im Sturm

den ich gewitterschwanger düster grollen sah

und gar nicht wollte

doch sie

mit diesen großen Augen

die tief mich blicken ließen

wollte ich

so ganz und gar

so wanderten wir durch die Stadt

von Ort zu Ort

und jeder schloss die Türen

wir standen draußen

wärmten uns

mit Worten

und mit Bier

und öffneten die Fenster

uns

obwohl der Donner grollte

von den Dingen, die ich kommen sah

ich sah mich stark

ich sah mich weinen

weiß, was ich will

und such mir doch

das Alte

weiß, es ist anders

und in vielem ist es gleich

der Schmerz, die Wut, die Einsamkeit

ich hab es mir gewählt

ich will vertrauen

will auch hoffen

auch wenn es viel zu wild erscheint

für mich

die sich nach Ruhe sehnt

und Zweisamkeit

die Nacht war kalt

es war die letzte

der Nebel zog noch dann und wann

in mein Gemüt

doch draußen nicht nur Flieder blüht

nicht nur das süßliche Betäuben

nicht nur der erste Apfelbaum

nein, meine Bäume Früchte tragen

deine, unsere

und wir sind hungrig nimmermehr

es war so kalt

wir sind gegangen

kein Raum für uns, kein Tanz, kein Trunk

und an der großen Kirche

ein Forsythienbusch

der blühte

mir direkt ins Herz

die Freude stieg herauf

wie Nektar süß

ich sah ihr ins Gesicht

ihr gab ich

was in letzter kalter Nacht

mein Herz erfüllte

es war die letzte kalte

Alpenrose

fliegend durch Deine Planeten

trinke ich Deine Sonnen

kreisend um dunkle Vulkane

ruhend in weichen Tälern

ich wandere über Wiesen

die Hänge hinauf

Alpenrose

knospend

an Quellen mich laben

süße Düfte uns umschmeicheln

Sommerfülle

schwelgend

koste ich das Glück

Alpenrose

Ich lasse das Licht an

ich lasse das Licht an

die Katze ist noch wach

streunt durch die Nacht

genau wie Du

komm in mein Sterngemach

ich warte

duftend

seufzend

auf diese Seligkeit

die es bedeutet

Dich neben mir zu fühlen

Dein Duft sanft meinen Schlaf bewacht

ich atme Glück

wenn ich mein Lager teile

mit Dir

Du Alpenrose, schönste

ich träum' von Dir

wenn Du in lauen Nächten

die Stadt durchwanderst

und zu später Stunde

die Hintertüre nimmst

das Licht bleibt an

bis Du in meinem Hause bist

bis Du dann neben mir

noch lange nicht zur Ruhe kommst

bis unsere Glut

zum Feuer wird

mein wildes Tier

und nur noch Wärme bleibt

von Eifersucht

und Zweifel

von Alptraum

und von böser Ahnung

kein Rest mehr giftet

Asche

kehr' ich von der Seele

und all das Dunkle

was die Nacht verdorren lässt

und auch die Tage

verfliegt in Windeseile

nimmt der Nachtwind in die Arme

fort

und das was bleibt

ist Wärme

Dich kennen lernen

begreifen

diese Frau

halten

ihre Schultern

die ganze Nacht

in Wärme schwimmen

begreifen wollen

das, was hinter ihren Blicken liegt

in ihren Augen

in ihren Worten

ihrer Stimme lauschen

dem Klang

in ihrem Körper wohnend

gleich einem Tempel

Klang

der durch jede Zelle fließt

ich bade in ihm

ihre Stimme trinken

weich und rauh

erschauernd

erinnere ich

die letzte Nacht

Nachmittags im Park

links rauscht ein Wasserfall

und mit Geknall

zwei Autos auf dem Holstenwall

sich küssen

ich sitz im Kraut, das zu Johanni

gelb zur Sonne schaut

und es ist laut

hier in der Stadt

die einen Hafen hat

und einen Zoo

wo Welt bekannt sich Löwen tummeln

doch hier um mich

da summen Hummeln

und auch ein Falter der Zitrone

durchflattert diesen Hain

wo Farne sich zum Himmel recken

wo Traurigkeiten sich verstecken

und Frauenmäntel weich behaart

sanft meine Zehen bedecken

wo Bienen brummen

Fliegen fliegen

Ameisen wichtig sich auf Reisen

auf meinem Bein verirren

wo freundlich die Insekten schwirren

sind die Gedanken fehl am Platze

die mich beschleichen

und die Erinnerungen ohnegleichen

füllen mein Herz

und auch manch anderes

mit Blut

und wilde Glut

durchfließt die Venen

und ich gehöre nicht zu denen

die ihre Lust im kalten Wasser kühlen

nein, auch ein Bad in kalten Bächen

vermag die Glut noch anzufachen

und ach

ich denke nur an Sachen

die ich mit Dir getan

und tun werde

und Du

Du bist die schönste

Frau der Erde

und auch der anderen Planeten

ich bin ganz wild nach Dir

Du Wonne

Du bist ein Sturm

Du bist die Sonne

die mich durchwärmt

die mich entfacht

und die mich

manchmal gar nicht sacht

aus meinen Höhlen holt

auf dass wir fliegen nächtelang

und auch bei Tage

ist mein Glück

in Deinen Armen

Deinen Augen

Deinem Duft

ich liebe Dich

Du Göttin

eines anderen Sterns

doch langsam

muss auch ich begreifen

wir sind auf Erden

und hier kann ich sein

hier will ich sein

und

werd' ich sein

mit Dir

Teufel

der Teufel ist's

der unverdrossen

sein Spielchen treibt

mit mir

mit uns

und nur der Wahnsinn bleibt

im irren Taumel

Hörner

die mir aufgesetzt

und Schatten

die mein Herz verhärten

Hass

der langsam Raum sich schafft

und Gifte streut

der Teufel

hat es in der Hand

die Eifersucht

sie sprüht und strahlt

lebendig quittegelb

vergiftet Mark und Bein

Träume schickend

schwarz und böse

auf dass ich wimmere und schrei'

auf dass auf seinem schwarzen Mist

das Misstrauen gedeih'

und wenn das Morgenrot

uns helle Strahlen schickt

da stöhne ich im Schlaf

Du hältst die Hand mir

Liebste

weckst mich

küsst mich

fragst

und wärmst mit wachen Augen

mein kaltes Herz

Das, was bleibt

das schwarze Meer

mit magisch starkem Sog

es nimmt mich in die Arme

am Horizont die Berge glitzern

sie sind aus Eisenerz

so kalt und starr

ein Schritt

und kühl wär' die Umarmung

ein ewig sicherer Hafen

denn es ist alt

so alt

wie das

was in der Brust

mich schlägt

und mich am Leben hält

und mich mit Schmerz durchtränkt

und auch mit Lust

und Willen

hoch am Himmel

Sonne scheinen mag

doch dunkle Wolkenmassen

meinen Blick verdunkeln

mein Herz

so schwer

noch schlägt es

keine Flut hat's wirklich angetastet

keine Schwärze ganz getötet

es schlägt

und flutet rote Wärme

rote Wärme

das

was bleibt

Vorhersage

wie

wird der Himmel

sich zeigen

wenn ich

Dir

die Wahrheit sage

sanftes Blau

das von Hoffnung erzählt

von Zukunft

oder

werden schwarze Wolken

im Sturm

im kalten Grau

sich Kämpfe liefern

kein Blau

kein Sonnenstrahl

wird Dunkelheit sein

ohne Sternenschimmer

ohne Licht des Mondes

ich kann

den Wolken

nicht befehlen

kann nur wünschen

kann nur hoffen

auf ein Licht

und die Zeit

genießen

die uns bleibt

hoffen

dass sie dauern wird

wir keinem Sturm

die Schleusen öffnen

um alles zu vernichten

kein Schwarz

wo vorher Rot zu Hause war

ich wünsch' mir

alle Farben

uns

mit Dir leben

und

nicht gehen müssen

Ich breite meine Arme aus

den zarten Vogel

Deines Herzens

locken

der mit wildem Flügelschlag

am Himmel Kreise zieht

meine Sehnsucht

nähren

meine Hoffnung

er möge meiner Hand vertrauen

meinem Herzen

sich gesellen

zu mir

und fliegen

gemeinsam

durch Nacht und Tag

Orte suchen

an denen zu landen sich lohnt

wo Nahrung ist

und Licht

der Himmel weit

die Erde warm von Sonnenstrahlen

von Liebe

von Ruhe

rasten in Sanftmut

auf Blumenwiesen tollen

laut

lachen

und zart sein

warten

geduldig

weiter hoffen

das Herz voller Liebe

für Dich

ich breite meine Arme aus

Schatz im Schloss

Champagner trinken

Du als Kelch

und welch köstliches Geschmeide

trägst Du nackt

auf Deinen Knochen

welch zarten Flaum

auf Deinem Haupt

welch Seide

zwischen Deinen Beinen

kein Prunk

kein Gold

könnt' schöner schimmern

Schatz im Schloss

als Deine Blume

in der Mitte Deiner Kostbarkeit

die manche Körper nennen

und ich Seligkeit

Du Himmel

und Du Erdentier

ich liebe Dich

und will Dich hier

in den Gemächern

wo Könige sich liebten

und sicher auch

die Frauen

wo roter Samt

sich an die Fenster schmiegt

und nackte Leiber

sich als Schmuck

an Türen klammern

ich will Dich

hier

Gewitterzauber

bleischwere Luft

ein Sommersturm

der vieles vor sich hertreibt

wirbelt

tobt

und heiße Wogen

über's Land sich schieben

der Himmel klares Blau

doch sehne ich mich

nach dem Grau

das von Gewitter kündet

dass weiße Blitze zucken

und mit Grollen sich entlädt

was ungeheure Schwere

Schmerz und Hass

und Sommerglut

erbeben lässt

und zittern

hoffen

dass ein Ende käme

die Erlösung

Blitze

Schreie

dass die Welt erzittere

vor Dämonen

vor der Kraft

die heiß hier brodelt

hervorgebracht

durch Hexen, Hexer

tobend

fühlend

die Magie

die durch die Sommerhitze lodert

Sturm erscheine

treib' die Wolken vor dir her

und gib die Kraft

dass Blitze zucken

Donner grollt

und sich entlädt

was sich befreien will

Auf der Lichtung

aus dem Unterholz gekrochen

sichtbar

stolz

die klugen Köpfe

auf den Schultern ruhend

und der Wind

zaust in den Haaren

Blicke schweifen

wachend

und bereit

zum Kampf die Körper

auf sich achtend

und die anderen schützend

im wilden Schrei

geboren

im Lebenwollen

in allem

was da ist

und alles wollen

auch das Schwarze

was sich schlafend stellte

und

was nun erwacht

mit Hilfe der Dämonen

was lang in Ketten darbte

tobt nun

wild und frei

Schlossnacht

des Nachts

da treffen sich die Geister

zum Tanz

im dunklen Spiegelsaale

den wir am Tag bewohnen

und uns so mutig nicht verschonen

wo wir uns zeigen die Dämonen

die nun ein Tänzchen wagen

die Sonne lacht

und brennt uns letzten Hader

aus dem Herz

an diesem Ort

wo so viel Schmerz

und so viel Angst

die Luft vergiften

doch Sonnenlicht und Sommerwärme

zieh'n ins Gemüt

und in den Herzen vieles blüht

nicht nur Dämonen

sich die Hände reiben

und nachts ein Ständchen bringen

und dann das Tanzbein schwingen

denn wo sie losgelassen

erzählen sie Geschichten

durchgeistern

unsere Köpfe

schicken Träume

bunt und klar

und Durcheinander

das, was war

wird nachts ein Tanz

und lauter die Musik erschallt

die Wilden in dem Saale toben

am Tag

und auch bei Nacht

das Schloss erbebt

wenn alles schläft

und träumt

und tanzt

und lebt

Schlangen

das gute Kind

so lächelnd lieb

und im Schatten

schlummert Gift

täuschend fröhlich

lustig laut

leise giftig

Schlangen

die zu lange brav

und friedlich

züngelnd warten

dass ein Opfer sich ergibt

Gifte gerne heimlich sprühen

Schuld

hat niemand

und schon gar nicht

Frauen

haben Gutes nur gewollt

Schlangenbrut

leise zischelnd

lauernd im Versteck

Nicht gemeint?

Fratzengesichter Katzengesichter

auf die Kleinen spuckend

jene, die toben

unverstanden

und sich rächen

an der nächsten

und dabei „gar nicht meinen"

der sprotzende Groll

„gar nicht gemeint"

die gelbgrüne Angst

mit Ärger vereint

das Zuwenig

und das Zuviel

das Nichtrichtig

und das Falsch

das Lass-mich

und Gib-mir

und Hör-mich

Sieh-mich

Versteh'

das Im-Dunkeln-sitzen

im Sumpf

in Einsamkeit

und Schmerz

lautes böses Tu-mir-nichts

Halt-mich

und

leises Gift

in Wortgebraus

und Schweigen

nicht gemeint

aber

was dann?

Schritte

Du Teufelin

Dein Funkensprühen

Dein Hexenblick

entzündet Feuersbrünste

die nicht zu löschen sind

die wilden Augen

in mir Wellen schlagen

an Felsen leckend

die unbezwingbar

schienen

ich lasse mich besiegen

immer wieder

wildes Weib

wenn Deine Augen

noch so teuflisch funkeln

und etwas in mir fliehen will

ein kleines Stück

in sichere Gefilde

in dunkle Höhlen

in Teile in mir

die sicher sind

und einsam

schwellend

nehme ich allen Mut

und gehe

Schritte

auf Dich zu

Leben mit dem was ist

leben

und nicht denken

was da kommen

könnte

Krücken sehen

und sie kennen

und sie nicht mehr brauchen

nicht daran denken

was die Zukunft bringt

Hoffnung

halten

Geschichten im Kopf

von Menschen

die nur ihre Gedanken in Bewegung

hielten

und sonst nichts

und wieder laufen lernten

denen Freunde in den Sattel halfen

deren Beine nicht mehr trugen

die

die Hoffnung hatten

die

die trotzdem

leben

nicht als Schatten

sondern ganz

die

die Wege suchen

auch wenn die Beine

stolpern

auch wenn die Augen

trübe sind

weiter Wege suchen

leben, mit dem was ist

leben

Neuanfang

das

was als moosbewachsene Steine

auf dem Grunde

unserer Seelenseen

liegt

das Schwere

das

was hinein geworfen wurde

Verletzung

Einsamkeit

und Ärger

tauchen wir

auch

wenn es atemlos macht

tief

Luft holen

um ruhig zu bleiben

auch

wenn es zu dunkel scheint

zu tief

zu weit weg

und zu viel Zeit vergangen

tauchen wir

zeigen wir uns

die Steine

und

den Schlamm

auch

wenn er stinkt

und kaum zu fassen ist

so bewachsen

dass Oberflächen nicht zu sehen sind

bevor nicht gewaschen wurde

abgeschabt

und hingeschaut

bis alles da liegt

schwer und hart

wir es berühren sollten

und die Angst verlieren

es zu uns nehmen

oder es zurück zu geben

es greifen

halten

wissen

es ist unser

und

unser gewesen

und wenn es nicht zu schwer ist

es zu tragen

dann erst

können wir es gemeinsam

in den Wald des Vergebens bringen

und dort lassen

und zum Wasser zurückkehren

was fließt

und trägt

und wenn

es zu schwer wiegt

dann muss es bleiben

ins Wasser zurück

die Wasserpflanzen

unserer Lebendigkeit

werden es überwuchern

Fische werden darin wohnen

bis es zerfällt

unser Wasser

ist stärker

als Stein

Tauwetter

runde kleine Wörter

schlängeln sich

wie Wassertropfen

dieses Winterbaches

es taut

mein Herz

es taut

was voller Eis

was voller Angst

verkrustet war

von Schlacken

und von Altem

es tropft

in Tränen

und in Ruhe

in wütendem Tanz

in Farben

und kraftvollen Tönen

in Träumen

und Taten

getrennt sein

und zu sich finden

all die Schlacken

die dunklen

Ängste

abtragen

und einfach Sonne

Wärme

Ruhe

fühlen

sein

und lassen

tropfen lassen

das Eis

Findungsversuche

wenn

Lebendigkeit

ganz klein wird

furchtsam

und garstig

wenn ich nicht mit Kraft

bei Dir bin

Dich verlasse

in mich

dann

verlässt Du mich

manchmal

in Dich

zeigst mir

Deine harte Schale

dann

taste ich

nach den Früchten

und fühle

die Schale

mit schützenden Stacheln

tue mir weh

tue Dir weh

und

habe Angst

die Nuss

wird zu Stein

fühle eigene Steine

zeige sie Dir

furchtsam

garstig

Stein kracht auf Stein

bitter

schmecken wir uns

zeigen uns

zu selten

die Süße

das Warme

Atem gefriert

aus Angst

ich

wünsch' mir

Deine Tränen

die hinter der Härte wohnen

wenn meine Tränen

Dich nur noch härter machen

wünsche mir

Deine Worte

die beschreiben könnten

erklären

um Dich

zu verstehen

um Dich

zu suchen

versuchen

Dich

wieder

zu finden

Weiber

wilde Weiber

wunderbar

Riesinnen

rundherum richtig

zarte

zittrige

zauberische

Mädchen in Euch wohnen

zaudernd

sich zeigend

bunt

blühend

und

Dämoninnen

deftig

dunkle

Diven

Ihr alle

Geschenke

Euch zu sehen

Das Fundament

Augenblicke

bleiben

Momente

sich dehnend

verweilen

im Herzen

so lange es schlägt

werdet Ihr

Teil meines Lebens sein

Fundament

ich baue darauf

abgerissen das Alte

abgetragen das Marode

verbrannt

den Glauben an den frühen Tod

zu sich genommen

das Lebendige

Euch geatmet

inmitten von Wärme

Herzen geweitet

durch Lachen

Wut

und Tränenmeere

warme Ströme

Liebe gefunden

wo Härte stärker schien

in Arme genommen

wo Angst lebte

Trost und Nahrung

wo Kleines zu verhungern drohte

Würde erkämpft

wo Scham erstickend wurde

Groll

aus dunklen Höhlen

freigelassen

ein letztes Fest

ein Feuerwerk

verblassend

das Fundament

bleibt

Die Tür ist zu

harte Feuerbälle

tanzen meinen Magen wund

mein Nacken

wird ein Schild

kein Dolchstoß soll ihn treffen

tanzender Groll

vor dem Abgrund

sich schützend

der scheinbar droht

drei Jahre Zuhause

dahin

Geschwister

in alle Himmelsrichtungen gewandert

und etwas in mir

sucht

und findet

mich

und bunte Bilder

die Tür

ist zu

Letzter Sommertag

noch einmal

den Sommer

tief in sich

hineinsaugen

die Hitze

in jede Pore lassen

Sommerlicht

in die Augen

das Blau des Himmels

sich ausbreiten

lassen

im Innen

fließen und leuchten

das Sommerblau

das Milde

Füße auf heißem Sand

ins weiche Glühen

sinken

den Körper

jubeln lassen

im kühlen See

am vielleicht letztem

heißen

Sommertag

den Sommer

in sich spüren

Nur eines von vielem

wie

Schmerzen vergessen?

schmelzen

wie Schnee

in der Sonne

in Wärme

fließen

Arme und Beine

verbinden

Glieder

sich finden

lassen

aus Marionette

Mensch werden

und mehr sein

als das

was mich nicht lachen lässt

mehr sein

als Schmerz

mehr

mehr will ich

mehr

mehr als das

was bitter schmeckt

fliegen

mit Leichtigkeit

singen

feiern

mit den Wesen des Tanzes

spielen

mit Wörtern der Zauberei

lieben

mit allen Sinnen

teilhaben

an Welt

und Lust

Schmerz nur eines

von vielem

nur eines

Auf dem Berg dem Himmel nah

vollmondsüchtig

sternenglanzgeschwängert

Blut fließt nicht in meinen Adern

heute Nacht

Töne sind's

und Rauschen

ein einzig Fluten

Sphärenklänge

die mein Herz beseelen

jede Zelle

sanft und wild durchströmen

Klänge

mehr und mehr

eins

mit dem, was fließt

was lebt

aus meinem Herz

aus meinem Schoß

aus meinem Mund

der Vollmond

gibt sein Licht dazu

ergießt sich

über's weite Tal

die Tannenhänge leuchten

weit ist die Welt heut' Nacht

hoch auf dem Berg

dem Himmel nah

Im Zug zu Dir

im Zug

die Räder rollen

rumpeln raunen

zu Dir zu Dir

ich fahre zu Dir

nach drei langen Wochen

endlich zu Dir

von den Bergen

im Süden

zum Fluss

des Nordens

dort

wo Du bist

da will ich sein

da möcht' ich Wege finden

immer wieder

von Ferne

zu Nähe

und in der Ferne

Dir nah sein

Deiner Stimme

lauschen

Deine Worte

lesen

in Deinen Bildern

baden

Deinen Duft

in mir

aufsteigen lassen

als wärest Du

neben mir

in der Ferne

Dir nah sein

Dich suchen

nach so langer Zeit

Dich sehen

Dich tasten

Dir

möchte ich

begegnen

Sogar im Traume noch Dich lieben

sehnende Flüsse

ziehen

durch meine Hände

heiß

und wissend

kraftvoll

Dich wollend

jede Zelle

Dich atmend

ungeahntes Leben

in meinen Fingern

pulsierend

Wärme

aus meinem Herzen

und meinem Schoß

aus meinem Rückgrat

meine Füße

kosen die Erde

seitdem Du

in meinem Herzen

wohnst

seitdem die Flüsse

ohne Dämme strömen

in meinem Herzen

neues Leben kreist

mein Schoß

Dich erwartet

jeden Morgen

jede Nacht

seitdem

meine Augen

das Bild Deines Körpers

trinken

seitdem

sie ruhen

auf Deinen Zügen

weich und warm

klar und sicher

Zweisein

und wachsen

in die Welt

nachts

sich umeinander rollen

gleich zwei Tieren

sogar im Traume noch

Dich lieben

Oktobertag

Deine Fülle

atme ich heute

lasse

Deine Farben

in mein Herz

leuchten

während laue Stürme

der Haut

schmeicheln

laufe ich

zur Sonne

die ihre Strahlen

dort über dem Fluss

verschenkt

ich laufe

unter gelben Linden

lichtdurchflutet

satt

von Deinen Geschenken

Oktobertag

Der Wunsch

zarte Pflanze

von Zweifeln erstickt

mit Worten bedroht

durch Endgültigkeit beleidigt

tief unten

im Verborgenem

schlummernd

keimend

zum Licht

sehnend

wollend

werdend

der Wunsch:

leben

und gesund sein

der Wunsch wächst

Tröstlich

wie tröstlich

Deine Stimme ist

kann kein Wort beschreiben

ein Laut vielleicht

ein Klang

ein Schnurren

und wär' doch nur ein kleiner Teil

die Wärme

jeden Morgen

jeden Tag

in Deiner Stimme liegend

wie eine Katze in der Sonne

mit weichem Fell

sie wärmt mein Herz

mein glühendes

oft frierendes

und wenn

Du zuhörst

anhörst

was ich Dir zu sagen habe

dann schenkst Du mir das Hören

und wenn

Du Worte schenkst

scheint die Weite

nichts

die uns

gerade trennt

Gegen den Fall

in dieser Nacht

fiel ich

von Ästen

Felsen

unbekannten Höhen

atemlos

kein Halt

in dürren Zweigen

kein Mensch

der unten stand

ich flog

doch nur mein Geist

mein Körper fiel

er schlug nicht auf

er fiel und fiel

in Todesnähe

und in den Morgenstunden

suche ich

die Erde

die Erde, die zum Fluss mich trägt

und

Sonne

die durch Wolken bricht

ich trinke sie

gegen den Fall

Die Eule

meine Augen

wie Seen

deren Wasser

über Ufer treten

wie dieser Moorsee

in den Bergen

geliebter Kraftort

gespeist von Quellen

dunkel tief

hier wohnt die Stille

die sich über meine Seele breitet

wie Schwingen einer Eule

sich niederlassend

mir nahe

und doch nicht zu greifen

kaum zu sehen

und dennoch

war sie hier

die Eule

in der Stille

mein Vogel in der Brust

sich wandelnd